Confessar...
O quê? Por quê? Como?

Pe. Cleiton Viana da Silva

Confessar...
O quê? Por quê? Como?

Dados Internacionais de Catalogação na Publicação (CIP)
(Câmara Brasileira do Livro, SP, Brasil)

Silva, Cleiton Viana da
   Confessar-- : o quê? por quê? como? / Pe. Cleiton Viana da Silva.
-- São Paulo : Paulinas, 2018. -- (Juventude e fé)

ISBN 978-85-356-4482-1

1. Confissão dos pecados - Igreja Católica 2. Confissão 3. Deus - Misericórdia 4. Jovens - Vida religiosa I. Título II. Série.

18-22160   CDD-265.62

Índice para catálogo sistemático:

1. Confissão : Sacramento   265.62

Iolanda Rodrigues Biode - Bibliotecária - CRB-8/10014

1ª edição – 2019
1ª reimpressão – 2020

Direção-geral: *Flávia Reginatto*
Editora responsável: *Andréia Schweitzer*
Copidesque: *Ana Cecilia Mari*
Coordenação de revisão: *Marina Mendonça*
Revisão: *Sandra Sinzato*
Gerente de produção: *Felício Calegaro Neto*
Capa e diagramação: *Tiago Filu*

Paulinas
Rua Dona Inácia Uchoa, 62
04110-020 – São Paulo – SP (Brasil)
Tel.: (11) 2125-3500
http://www.paulinas.com.br – editora@paulinas.com.br
Telemarketing e SAC: 0800-7010081
© Pia Sociedade Filhas de São Paulo – São Paulo, 2019

> De agora em diante dirás sempre:
> 'Senhor, basta o quanto te ofendi;
> a vida que devo viver, quero vivê-la
> somente para te amar, e chorar pelas
> ofensas que te fiz'.
> Meu Jesus, me arrependo
> de todo o meu coração,
> quero amar-te, dá-me a força.
> Maria, minha mãe, ajuda-me. Amém.
> (Santo Afonso de Ligório,
> *Massime eterne*).

> Tomar consciência do pecado
> é já sinal da graça de Deus.
> A todos os penitentes agraciados
> pelo dom do arrependimento
> dedico as páginas que seguem
> e espero colaborar na vivência
> do sacramento da Reconciliação.
> Repito a vocês as palavras com que
> somos acolhidos neste sacramento:
> 'Deus, que fez brilhar a sua luz
> em nossos corações, te conceda a graça
> de reconhecer os teus pecados
> e a grandeza da sua misericórdia'.
> (Ritual da Penitência)

SUMÁRIO

Introdução 11

Confessar... Por quê? O quê? Como? 13

Por que precisamos nos confessar? 15

Por que confessar-se com um Padre?! 21

Evangelizar apesar da desconfiança 27

Da paixão à reconciliação:
o sacerdócio e a confissão 29

Sobre o arrependimento e
o propósito de não mais pecar 37

Modelos para o exame de consciência 45

INTRODUÇÃO

> Enquanto calei, meus ossos se consumiam, o dia todo rugindo... Confessei a ti o meu pecado, e meu erro não te encobri... E tu absolveste o meu erro, perdoaste o meu pecado (Sl 32,3.5).

Confessar-se bem sempre traz muita alegria.

Antes de iniciar a confissão, muitas vezes somos tomados por medo e dúvidas. Dúvidas sobre por que precisamos nos confessar, se é necessário mesmo se confessar com um Padre, o que devemos confessar e qual é o melhor modo de fazer uma boa confissão.

O medo que sentimos está no fato de nos perguntarmos se esgotamos a misericórdia de Deus. Vale a pena lembrar um ensinamento do Papa Francisco: "Deus não se cansa de perdoar, nós é que nos cansamos de pedir perdão". O medo, podemos vencer, mergulhando na Palavra de Deus e descobrindo como Deus é rico em misericórdia (cf. Ef 2,4), é como um pai cheio de amor diante do filho perdido que volta para casa (cf. Lc 15).

A relação de confiança com um sacerdote confessor nos ajuda a vencer as dúvidas, mas é sempre bom ter um ponto de partida: algumas orientações bastante simples e práticas que nos ajudem a começar bem.

Este texto pretende ser essa ajuda, ser esse ponto de partida. Os diálogos ajudam a suavizar o peso das informações ao mesmo tempo em que contextualizam as perguntas e as explicações.

Espero que o leitor encontre alegria lendo, preparando-se e se confessando.

Em Cristo,
Pe. Cleiton Viana da Silva

CONFESSAR... POR QUÊ? O QUÊ? COMO?

▶ No encontro de preparação ao sacramento da Crisma, a catequista Dona Maria conversa com sua turma...

– Está chegando o momento de vocês se crismarem. No próximo mês nosso Bispo vem crismar vocês, então é bom se confessarem. Sei que se confessaram quando foram receber a Primeira Eucaristia, então procurem o Padre Afonso...

– Dona Maria, quando me confessei eu estava com tanto medo que nem lembro o que disse. Acho até que me esqueci de dizer muita coisa daquela vez...

– Imagino, João. Por isso, pessoal, falei com o Padre e vocês podem aproveitar esse mês para tirarem dúvidas com ele. Vocês podem ir sozinhos ou em grupo para conversar com ele e tirar dúvidas e, quando se sentirem mais preparados, aí vão e se confessam.

– Nossa, que legal. A gente poderia entrevistar o Padre... E, tipo, dá para comentar nossos pecados como se fossem dos outros, aí a gente já imagina que penitência ele vai dar, rsrsrs...

– Vocês são demais! De qualquer modo, já entenderam. Procurem o Padre e conversem com ele. Quando se sentirem preparados, podem se confessar. O importante é se confessar bem.

POR QUE PRECISAMOS NOS CONFESSAR?

▶ João, Henrique e Kelly procuram o Padre para conversar. Eles se encontram na cozinha da igreja, na hora em que o Padre está tomando um café.

João: Boa-tarde, Padre! Viemos conversar um pouco com o senhor sobre a confissão. Vamos esperar lá fora, na frente da sala de atendimento.

Padre: Fiquem aqui mesmo, vamos tomar café. Se vocês vieram apenas para conversar, melhor fazer isso comendo... Sentem-se. Tem café pra todo mundo. Vamos lá... Como começamos?

Henrique: Padre, por que a gente precisa se confessar? É tão ruim se confessar...

Kelly: Eu também acho. Na minha confissão, antes da Primeira Eucaristia, eu até chorei. Foi um Padre velhinho que me atendeu, lá onde nós morávamos. Ele era bonzinho, mas eu estava apavorada.

Padre: Entendo vocês. Começar a confessar-se é complicado. Eu também já passei por essas dificuldades quando criança ou mesmo depois. Mas é bom entender que confissão faz parte de um processo maior chamado conversão.[1] Conversão é uma busca por crescer, ser melhor, superar limites e dificuldades...

João: Sim, isso faz parte do dia a dia. Na escola, minha professora de língua portuguesa sempre pede ao final do mês para fazermos uma redação: "*Um mês vivido, um caminho percorrido*". E nessa redação ela pede que a gente escreva sobre o que aprendeu, as dificuldades que tivemos, o que descobrimos e coisas semelhantes.

Padre: Sério, João? Esse tipo de atitude é uma forma de preparação para confessar-se... Apenas teria que mudar o foco... Mas, voltando à importância da confissão, podemos entender assim: cada pessoa tem suas qualidades e fraquezas. Algumas coisas vivemos bem, outras nem tanto. *Melhorar, crescer e superar-se são necessidades humanas fundamentais.* A confissão faz parte desse processo. Como está sua vida em relação a você mesmo? Aos seus valores, às coisas que você acha importantes, seus objetivos...? Como está sua vida em relação às pessoas? Seus relacionamentos são bons, você procura tratar as pessoas com respeito? Como vai sua vida de fé, de oração e amor a Deus?

---

[1] Vale a pena mencionar os vários nomes que este sacramento recebe: *sacramento da Conversão, sacramento da Penitência, sacramento da Confissão, sacramento do Perdão* e *sacramento da Reconciliação*. Cada palavra procura realçar ou especificar uma dimensão deste rico sacramento (Cf. CIC 1423-1424).

Kelly: Eu me pergunto sobre isso sozinha. Por que tenho que contar para alguém? Não posso me confessar sozinha mesmo?

João: Também acho que seria melhor... Só eu e Deus!

Padre: Ótimo. O conteúdo da confissão vocês entenderam. Agora temos que pensar por que devemos confessar com o Padre, não é mesmo?... Henrique, você tem uns 15 anos, não é isso?

Henrique: Sim, faço 16 um dia depois da Crisma!

Padre: Perfeito. Você já brigou alguma vez com seu irmão, o Erick?

Henrique: Claro, esse menino é *um mala!* Irritante que só...

Kelly: Que maldade! Ele é uma gracinha, Padre! Sempre vejo ele carregando o cestinho do ofertório. Parece um anjinho...

Padre: Bom, sobre as brigas do Henrique com o Erick, vocês podem perceber uma coisa complicada... Quando o Henrique se irrita com o Erick, como o próprio Henrique pode avaliar se ele está certo ou errado por se irritar, ou sobre o quanto se irritar?

Henrique: Lógico que eu estou certo, Padre!

João: Certo nada. Padre, uma vez o Henrique comeu sozinho metade de um pudim! Não sobrou nada para o irmão dele. E ainda ficou bravo quando o menino contou pra Dona Kátia, rsrsrs...

Henrique: Eu comi sozinho *com você, ô vacilão!*

João: Sim, eu *confesso*: comemos!

Padre: Pudim à parte, perceberam que se confessar sozinho é uma coisa interessante? Você se avaliar, você refletir sobre sua vida... Sempre temos necessidade de nos confrontar com outras pessoas, ouvir uma opinião diferente... Já imaginaram o Henrique se confessando sozinho sobre não ter deixado pudim para o irmão, ou se confessando sozinho porque brigou com o irmão dele...?

Henrique: Mas o moleque é treze, Padre...

Padre: Rsrsrs... Calma, Henrique... Mas falando sério: se confessar sozinho sempre deixaria a gente numa situação complicada: você poderia ser *muito bonzinho* com você mesmo ou, em outros momentos, poderia ser *terrivelmente exigente* consigo mesmo. Isso não poderia acontecer?

Kelly: É verdade! Eu passei por uma coisa assim uma vez. Uma amiga minha do colégio sempre pedia para eu passar umas lições para ela copiar... ela me dizia que isso era ajudar uma amiga. Eu me sentia mal, mas acabava deixando porque não queria me sentir culpada por não ajudar uma amiga. Minha mãe um dia descobriu e ficou muito brava comigo. Ela me explicou que isso não é ajudar uma amiga, mas incentivar uma amiga a ser desonesta. Se não fosse minha mãe...

Padre: Ótimo exemplo, Kelly. Percebe como a palavra do outro pode nos libertar? Pensar e refletir são coisas importantes e ninguém pode fazer isso em nosso lugar. Mas precisamos também nos confrontar, precisamos ser confrontados entre o que nós pensamos e o que os outros pensam de nós.

Henrique: Mas por que tenho que me confessar *com um Padre?!*

POR QUE CONFESSAR-SE COM UM PADRE?!

▶ Nesse momento, o Senhor Edson, sacristão da igreja, entra na cozinha e chama o Padre...

Sacristão: Padre, tem uma senhora querendo se confessar com o senhor. O senhor pode atender?

▶ O Padre pergunta em tom de brincadeira:

Padre: Ela quer se confessar *com um Padre*, Senhor Edson?

▶ O Senhor Edson não entende o porquê da pergunta e diz:

Sacristão: Claro que quer se confessar com um Padre. Ela se confessaria com quem? Comigo?

▶ Todos riem e o Senhor Edson fica sem entender.

Padre: Aguardem que volto já.

▶ Minutos depois o Padre retorna.

Padre: Vocês viram que uma senhora quis se confessar com um Padre. Vamos pensar sobre isso. Kelly, por que a Dona Maria disse mesmo que vocês precisam se confessar?

Kelly: Porque vamos nos crismar e, antes de receber o sacramento da Crisma, precisamos nos confessar.

João: Porque é um sacramento também!

Padre: Certo, o que é um sacramento? Por que recebemos os sacramentos?

Henrique: Porque...

Kelly: Eita... Bom, os sacramentos são uns negócios que a gente recebe.

João: Continua explicando assim que nem Crisma nem nada vamos receber... rsrsrs....

▶ Todos riem.

Padre: Tenho certeza que vocês sabem. Mas tem hora que não sabemos que sabemos... Os sacramentos são sinais. Sinais que garantem entre nós a presença de Cristo. Cristo quer permanecer conosco e faz isso de vários modos, alguns deles nós nem imaginamos. Mas ele quis permanecer entre nós através de alguns sinais bastante específicos.

Henrique: O Batismo é um sacramento. A Eucaristia também!

Padre: Perfeito! Melhor começarmos falando assim. Jesus não saiu por aí pregando o Evangelho à toa, mas reuniu uma comunidade em torno dele. O desejo dele era que essa comunidade fosse um sinal da sua presença entre as pessoas. Ele dizia: quem vos acolhe, me acolhe (cf. Mt 10,40)... Nisto reconhecerão que vocês são meus discípulos (cf. Jo 13,35). A gente pode falar que a comunidade, isto é, a Igreja é um primeiro sinal que nos garante a presença de Jesus Cristo.

João: Por isso minha mãe fala tanto de testemunho. O modo como nós, Igreja, vivemos pode ajudar ou atrapalhar as pessoas de acreditarem em Deus. É isso?

Padre: Sim! Mas o testemunho é consequência. A fonte disso tudo é o chamado de Cristo, que deseja reunir os homens e as mulheres para viver uma experiência de vida plena, de comunhão e de libertação de todo mal. Quanto mais abraçam esse convite, mais podem testemunhar. Por isso, esse sacramento também significa a reconciliação com toda a Igreja!

Henrique: O senhor está enrolando muito... o que isso tem a ver com a confissão?

Padre: Apressado come cru ou fica sem entender... Essa comunidade está unida a Jesus mediante a fé, mas esta fé não é algo simplesmente interior, invisível...

Kelly: Padre, realmente está ficando difícil... Achava que ser Igreja era amar Jesus...

Padre: Ótimo! Amar Jesus e andar com ele. Não basta dizer: amo Jesus. Devo estar unido a ele. Os sacramentos são formas de estarmos unidos a Jesus em vários momentos da vida. Tudo brota da vida da Igreja. Ela é como que um sacramento primordial. Há os sacramentos que nos iniciam na vida cristã: o Batismo, a Crisma e a Eucaristia. Há os sacramentos que nos fazem servir a Cristo no meio dos irmãos. Quando alguém se casa, seu amor conjugal se torna sinal do modo de Cristo amar a

Igreja. Quando um Padre é ordenado, ele é configurado a Cristo sacerdote que deve se oferecer pelas pessoas.

João: Padre, estou ficando cansado, desanimado...

Henrique: Somos dois!

Padre: Isso mesmo. Temos os sacramentos que nos unem a Cristo quando fraquejamos.

João e Henrique: Quê?!

Padre: Nós não somos de ferro nem somos como os anjos. Somos fracos. No corpo e na alma... Há dois sacramentos que nos unem a Cristo em nossa fraqueza. O sacramento da Unção dos Enfermos e o sacramento da Confissão.[1] Temos a fraqueza no corpo. Adoecemos. Machucamo-nos e, em momentos muito graves, sentimos que precisamos de uma força a mais ou que precisamos viver melhor nosso próprio sofrimento. O sacramento da Unção dos Enfermos nos ajuda a viver nossa fraqueza corporal: uma doença, por exemplo, em união a Cristo, sendo fortalecidos por ele e até mesmo experimentando um pouco do que ele sofreu por nós.

Kelly: E o sacramento da Confissão?

---

[1] O *Catecismo da Igreja Católica* (Cf. Nº 1420) apresenta estes dois sacramentos como *sacramentos de cura*. Cura tem um sentido mais recente como restabelecimento da saúde, mas na sua acepção mais antiga, etimológica, significa antes de tudo *cuidado*. São sacramentos que visam não apenas vencer de modo definitivo a fraqueza corporal ou espiritual, mas marcam nossa vigilância, nosso cuidado com as condições de nossa fraqueza.

Padre: É o sinal por meio do qual somos libertados por Cristo do domínio do mal. É o sacramento que indica nossa caminhada em busca de conversão, de crescer na vida cristã.

João: Padre, o senhor não ia explicar por que confessar-se COM O PADRE?

Padre: Sim! Mas para chegar a isso, vou dar uma lição de casa para vocês... Aceitam?

Henrique: Tava demorando...

Padre: Agora fica o desafio... Quero que vocês leiam o Evangelho segundo João, capítulos 18, 19 e 20.

João: Tudo isso?!

Padre: João, você vai ler também o Evangelho de Mateus, capítulo 16, dos versículos 13 ao 20. Aguardo vocês. Leiam e voltem para continuarmos nossa conversa. Marquem aí nos celulares de vocês para não esquecer. Querem mais café?

EVANGELIZAR APESAR DA DESCONFIANÇA

▶ Dias depois, Dona Maria se encontra com o Padre.

Dona Maria: Padre, os meninos voltaram da conversa com o senhor muito preocupados. O senhor deu para eles uma lição de casa, né?

Padre: Sim, isso mesmo. É que senti que não adiantaria explicar por que precisam confessar com um Padre, se eles não entenderem algumas coisas do Evangelho. Os jovens de hoje não aceitam explicações do tipo "porque sim"!

Dona Maria: É verdade, Padre. Quando comecei a ensinar catequese, há 30 anos, era muito mais fácil. As crianças não faziam tantas perguntas... Era mais fácil.

Padre: Dona Maria, Cristo acompanha a Igreja em todos os tempos. Cada tempo tem sua característica e seus desafios, mas as dificuldades não significam que não dá para evangelizar, apenas indicam em que contexto nós estamos... Estamos em outro contexto. As pessoas são treinadas a não confiar em nada e a duvidar de tudo... Mas a senhora sabe bem disso, não é mesmo?

Dona Maria: Ah, não sei não, Padre... Às vezes acho que a juventude está perdida. Que coisa triste essa época!

Padre: Mas é nesta época que devemos anunciar o Evangelho, Dona Maria! Nesta época!... Por isso, nosso cuidado não pode estar apenas em mostrar o que a Igreja pensa, mas também em indicar o que leva a Igreja a pensar o que pensa. Só assim vamos conseguir nos aproximar de nossos jovens.

Dona Maria: Sempre aprendi a chamar a Igreja de Mãe!

Padre: Sim. Ela é! Mãe que gera novos filhos para a vida em Deus, mãe que sustenta esses filhos em sua caminhada. Mas hoje a palavra mãe também pode significar aquela que sufoca, que não quer que seus filhos cresçam e sejam livres. Por isso, devemos ajudar os jovens a vencer essa desconfiança.

Dona Maria: E qual o caminho para isso?

Padre: O contrário da desconfiança: a fé. A fé que nos une a Cristo e nos une entre nós. A fé que *brota* da paixão do Senhor – manifestação máxima do amor. A fé na missão dos apóstolos, que nos chamam a vencer os muros de divisão e à reconciliação.

Dona Maria: Espero que os meninos consigam dar esse passo, que consigam compreender essas coisas.

Padre: Também espero, Dona Maria. Também espero!

DA PAIXÃO À RECONCILIAÇÃO: O SACERDÓCIO E A CONFISSÃO

▶ Dias depois, João, Henrique e Kelly retornam para conversar com o Padre. Na secretaria paroquial, o Padre está atendendo uma mãe que veio agendar o Batismo de seu filho e vê os jovens...

Padre: Boa-tarde! Imagino que fizeram a lição de casa...

Kelly: Tentamos, Padre. Se fizemos, é outra coisa.

Padre: Aguardem um pouco e já conversamos.

▶ O Padre conclui o atendimento e sai da secretaria.

Padre: Vamos à sala de atendimento, hoje talvez eu precise de mais coisas para nossa conversa.

Henrique: Tomara que não tenha mais lição de casa.

Padre: Bom, me contem o que vocês leram, sentiram e pensaram desses textos que indiquei.

Henrique: Por via das dúvidas todo mundo leu tudo... Eu nunca tinha lido sobre todo esse sofrimento de Jesus.

João: Padre, fiquei *brisado também... Muita injustiça, traição, abandono... Muito sofrimento, Padre. Tudo isso para nos salvar.*

Padre: E você, Kelly, o que colheu desses textos?

Kelly: Eu fiquei com o poder que Jesus deu de perdoar os pecados. "Recebei o Espírito Santo. Aqueles a quem perdoardes os pecados ser-lhes-ão perdoados..." E também sobre o ligar e desligar de São Pedro... rsrsrs...

Henrique: Eu também achei *da hora*... E acho que entendi o que o senhor quis mostrar.

Padre: O quê, por exemplo?

Henrique: Que Jesus mandou os apóstolos perdoarem os pecados.

João: Mas não são os Bispos que são os apóstolos hoje?

Padre: Isso mesmo.

Kelly: Então, não deveriam ser somente os Bispos a ouvirem as confissões?

Padre: Que ótimo ouvir essas perguntas de vocês. Toda dúvida, toda curiosidade pode sempre nos levar a conhecer coisas muito boas. A dúvida nunca é inimiga da fé. A dúvida sem a busca, sim, pode criar problemas, mas a dúvida e a busca da verdade são meios de fortalecer a fé. Estão com paciência?

Henrique: Estamos sim, mas vai ter café?

Kelly: Que folgado!

Padre: Sim, já, já o café sai. Vamos aos pontos gerais. Vocês se lembram de que Jesus quis que sua comunidade fosse um sinal da presença dele, certo? Conforme os dois textos que vocês leram, Jesus dá à Igreja, representada nos apóstolos, mediante a ação do Espírito Santo, o poder de perdoar os pecados, e em Pedro o poder de ligar e desligar, como a Kelly havia mencionado.

João: Sim. Até aí está fácil.

Padre: Ótimo. Então a Igreja é chamada a ser sinal de comunhão, de união e reconciliação... entre as pessoas, consigo mesmas e das pessoas com Deus. O ministério, o serviço dos Bispos, devem garantir isso tudo, certo?

João: Certo!

Padre: Pois bem, a confissão é o sacramento que mais sofreu mudanças[1] desde o começo da Igreja. Sabiam disso? Dos sete sacramentos, o Batismo, a Crisma, a Eucaristia, o Matrimônio, a Ordem, a Unção dos Enfermos e a Confissão, foi justamente a confissão que mais sofreu mudanças no seu modo de ser celebrada.

Henrique: Como assim?

Padre: Pra você ter uma ideia, a primeira forma do Sacramento da Confissão era uma forma pública. Como vocês mesmos perceberam, era uma forma centrada na figura do Bispo. Nós vamos chamar essa forma de penitência canônica:[2] forma centrada na figura do Bispo,

---

[1] Conf. CIC 1447.
[2] Sigo Cyrille Vogel, *Il peccatore e la penitenza nel medioevo*, Elle di Ci, 1988.

e o modo de viver a penitência era conhecido por toda a comunidade.

Kelly: Imaginem todo mundo indo se confessar com o Bispo.

João: A fila não ia acabar nunca...

Padre: Bom, essa forma de penitência era destinada aos pecadores que haviam cometido adultério, assassinato ou renegado a fé nos tempos de perseguição.

Kelly: E pra quem desobedicia à mãe?!

Padre: Esse tipo de pecado era punido com uma surra... rsrsrs... Mas, voltando ao assunto, cuidado para não se perderem. Esses pecados que eu mencionei exigiam que a pessoa fizesse uma penitência pública, era uma maneira de poder voltar à comunhão com a Igreja. Lembram-se do testemunho que vocês comentaram da outra vez? A situação da Igreja naquela época não era nada fácil, então, o erro de um cristão tinha um efeito muito negativo quanto ao testemunho da Igreja. Um erro grave assim feria de maneira pública a santidade da Igreja, por isso também necessitava de uma forma pública de reconciliação. Não se esqueçam de que a reconciliação, além de ser reconciliação com Deus, consigo e com o próximo é também reconciliação com a Igreja.

Henrique: Então a pessoa ia lá no Bispo e se confessava?

Padre: Calma, que não era tão simples assim. O processo de voltar à comunhão com a Igreja demorava um bom tempo, anos até.

João: Nossa Senhora!

Padre: Isso mesmo, era muito difícil... Mas era um contexto da Igreja. Conforme a Igreja foi se expandindo e indo a lugares diferentes, foi encontrando situações bastante específicas. Já no século VI, encontramos notícias de uma mudança no modo de viver a penitência. Os Bispos enviavam os Padres para diversas partes, e, como os territórios eram imensos, era impossível o Bispo atender a toda a demanda... Aí foram surgindo as mudanças.

Kelly: Que mudanças, Padre?

Padre: Bom, entre os monges irlandeses aparece o que nós vamos chamar de penitência tarifada.

Henrique: Taxa para ser perdoado?

Padre: Eita, Henrique. Sua pressa desvia o raciocínio. Entenda essa tarifa como uma tarefa que você tem que realizar... Mas, calma, vamos por partes. Nessa nova forma, aparece a figura dos Padres que atendem as pessoas em situação de pecado e lhes dão uma tarefa para repararem o mal que cometeram. Por exemplo, se alguém se envolve em uma briga e mata outra pessoa, deveria passar três anos em penitência, alimentando-se somente de pão e água, dando esmolas e fazendo oração... Mas se matasse por acidente, a penitência seria de um ano nessa situação.[3]

João: E o Henrique preocupado de ter que rezar um terço... rsrsrs...

Henrique: João, o vacilão!

Padre: Sei que parece muito, mas já era mais simples que no tempo da penitência pública. Pra vocês terem ideia, a penitência pública não poderia ser repetida... Recebia-se somente uma vez.

Kelly: As pessoas só tinham chance de se confessar uma vez?!

Padre: Sim, tecnicamente a penitência pública não poderia ser repetida... Bom, resumindo, a penitência pública era feita com o Bispo, era ele que impunha a penitência e era ele que dava a absolvição, geralmente na Quinta-feira Santa – tendo o penitente cumprido seus deveres –, para que o reconciliado pudesse comungar a Páscoa. Já a penitência tarifada era particular, não era pública, e era dada pelo sacerdote e podia ser repetida.

João: Nossa, Padre... Mas por que tem Padre que manda a gente só rezar umas Ave-Marias, se antes tinha que ficar cotas a pão e água?

Padre: Porque essa foi outra mudança que também aconteceu na história desse sacramento. Você passa de um entendimento de que a penitência é uma tarefa a ser

---

[3] Cyrille Vogel, *Il peccatore*, 77.

cumprida para ser perdoado a um entendimento de que a penitência é já um compromisso seu de crescimento, de melhorar sua vida cristã... Hoje o catecismo diz que a penitência pode ser uma oração, uma obra de misericórdia (ajudar alguém) ou alguma forma de sacrifício.[4]

Henrique: Quanta mudança!

Padre: Sim, mas é bonito entender que a penitência não é o preço com o qual você paga sua salvação, mas é a atitude pela qual você abraça Deus, que o salva. E, voltando ao começo de tudo, é o Padre que atende a confissão porque ele participa do sacerdócio de Cristo, aquele que nos reconcilia com o Pai. O Bispo e o Padre são sacerdotes, por isso podem atender a confissão. Na confissão, toda a obra da reconciliação – da paixão de Cristo que vocês leram – é oferecida ao pecador arrependido para que se converta. A forma da nossa confissão hoje nem é exatamente essa da penitência tarifada que surgiu com os monges irlandeses.

João: A Igreja é sacramento de Reconciliação e vivemos a penitência como comunhão com a Igreja através do sacerdócio, do Padre ou do Bispo. Isso?

Padre: Sim, e a finalidade da confissão, com todas as mudanças que existiram, é sempre renovar o perdão que Jesus nos garantiu na cruz. Estão sentindo o cheirinho? Acho que podemos ir tomar café. Hoje ganhei um bolo de cenoura com chocolate...

---
[4] Conf. CIC 1460.

SOBRE O ARREPENDIMENTO E O PROPÓSITO DE NÃO MAIS PECAR

▶ Entrando na cozinha da Igreja, mesa preparada com café, pão e o bolo de cenoura com chocolate... o favorito do Padre.

Henrique: Esse é o Brasil que eu quero! Acho que também vou ser Padre...

Padre: Ótimo, amanhã é dia de visitar os enfermos, você pode me acompanhar. Vai ser legal também.

Henrique: Eu me empolguei com o bolo. Deixa isso pra outro... rsrsrs...

Padre: Ó você errado! Podem se servir. Bom apetite!

Kelly: Só vou tomar um gole de café. Se comer alguma coisa, mais tarde estarei chorando arrependida...

João: Padre, falando em arrependida, a Dona Maria pediu que a gente esclarecesse bem com o senhor sobre o arrependimento e o propósito de emenda.

Henrique: Propósito de quê?!

Padre: Propósito de evitar as situações futuras de pecado, Henrique. Entendi, João. Bom, isso então exige que a gente fale dos chamados atos do penitente. Sabe o que é isso, Henrique?

Henrique: Os atos do penitente? Pecar? Se arrepender? Vir à igreja e contar tudo?

Kelly: Olha o Henrique perdendo o direito de se crismar... em 3, 2...

Padre: É, verdade. Henrique, vou conversar seriamente com a Dona Maria...

Henrique: Estou arrependido, Padre... rsrsrs... Perdoa, vai...

Padre: Bom, os atos do penitente são as ações ou atitudes que envolvem o penitente no seu caminho de conversão; no conjunto, correspondem à boa vontade, ao desejo de se corrigir e ao próprio fato de se esforçar pela conversão. Os atos do penitente[1] são o exame de consciência, o arrependimento, a confissão dos pecados, o propósito de evitar o pecado e a satisfação ou a penitência propriamente dita.

Henrique: Cinco coisas?!

Padre: Sim, cinco atos, mas estão muito ligados... No fim das contas, tudo isso deve estar muito junto e misturado... O exame de consciência... sobre ele, combinei

---

[1] A rigor, conforme o *Catecismo da Igreja Católica*, os atos do penitente são somente a *contrição*, a *confissão* e a *satisfação da penitência* (cf. CIC 1450-1460).

com Dona Maria de visitar a turma de vocês e orientar. Alguns já até vieram conversar um pouco sobre isso, mas sinto que esse tema exige a gente conversar junto. Confissão dos pecados é narrar as situações em que caímos no pecado, os tipos de pecado que cometemos, as tantas vezes que o cometemos e o tempo em que estamos nos arrastando nessa queda. A penitência, como já falamos, é um ato de reparação, uma busca por corrigir-se em relação às causas do nosso pecado. Lembram-se disso?

João: Então, falta só falar do arrependimento e do propósito de emenda.

Henrique: O propósito de emenda!

Padre: Henrique à parte... rsrsrs, o arrependimento é um elemento essencial da confissão. Na verdade, caso uma pessoa esteja à beira da morte e arrependa-se de seus pecados, mesmo que não consiga se confessar sacramentalmente, o arrependimento lhe abre as portas da misericórdia.[2]

Henrique: Padre, eu tenho muitas dúvidas sobre isso. Por exemplo, quando brigo com meu irmão, às vezes me arrependo, mas acho que é mais o medo da minha mãe pegar no meu pé.

Kelly: É, eu também já tive esse tipo de arrependimento... Tipo, com medo do que meus pais vão fazer comigo.

---

[2] Cf. CIC 1452.

Padre: Compreendo o que vocês dizem, todos nós temos medo das consequências, de sermos castigados, de perdermos nossa boa reputação etc. Mas vocês já fizeram bolo alguma vez? Como este de cenoura?

João: Onde um bolo entra na história do arrependimento?

Padre: Não entra, mas enfiei ele na história assim mesmo... rsrsrs... Imagina que você quer comer bolo de cenoura... Com chocolate, é claro! O que você precisa para fazer o bolo?

Kelly: Cenoura, açúcar, óleo, sei lá... E o chocolate!

Henrique: Curso de bolo de cenoura com o Padre... Crisma 4!

Padre: Só precisamos mesmo dos ingredientes?

Kelly: Também precisamos da receita, do forno etc.

Padre: Perfeito. Imagina que você tenha tudo que precisa: ingredientes, forma, receita e forno... Mas, por preguiça ou negligência, você não aproveita bem tudo o que tem... Por exemplo, não fica atento à medida e proporção dos ingredientes – do fermento, por exemplo – e não respeita o tempo adequado, etc., etc. E seu bolo fica uma lástima... Você se arrepende porque alguém vai lhe castigar?

João: Eu me arrependeria porque tinha tudo e perdi a oportunidade de comer um bolo como este!

Padre: Isso mesmo, João. Nós podemos nos arrepender por vários motivos. Por motivos exteriores: o medo do castigo, a reação das pessoas, a perda de um prêmio etc. Mas esse arrependimento não é tão duradouro. Ele é suficiente para sairmos da situação, mas não é o mais adequado... Diferente é quando você se arrepende porque viu que perdeu uma boa oportunidade, desperdiçou suas chances de se dar bem... Não é algo externo, mas interno.

Kelly: Não é pelos outros, mas por você mesmo, certo?

Padre: Sim, de certa maneira sim. O arrependimento não é motivado fora de você, mas em você. O arrependimento por causa dos outros é suficiente já para um recomeço, para melhorar a caminhada. A Igreja, para fazer uma distinção adequada, chama de contrição ou arrependimento. Fala-se de contrição imperfeita ou atrição[3] esse arrependimento por causa dos outros, motivado pelo medo das consequências, medo do castigo das pessoas ou de Deus. Mas, quando a pessoa se arrepende porque tomou consciência de que deixou de viver o melhor, não por estar preocupada com os outros, mas com Deus, a Igreja chama a isso de contrição. É o problema do bolo quando é malfeito...

Henrique: Que bolo?

Kelly: O bolo ficou malfeito. Você se arrepende não porque os outros não vão querer, mas porque você poderia ter feito um bolo bom e não fez... Quer dizer, você se

---
[3] Cf. CIC 1452-1453.

arrepende não com medo de ser castigado, mas porque deixa de viver uma vida melhor.

João: A Kelly vai substituir a Dona Maria na catequese... Daqui 30 anos... Dona Kelly! E o propósito de emenda?

Padre: O propósito de emenda é fruto do aprendizado... A queda faz a gente perceber se estava correndo demais, se estava atento aos riscos de tropeços... Depois de uma queda, podemos perceber melhor onde somos fracos ou mais facilmente tentados.

Henrique: É o propósito de não pecar nunca mais... Mas a gente volta a pecar. Não é errado se confessar e voltar a pecar?

Kelly: Minha mãe me disse que a gente não deveria ficar confessando sempre o mesmo pecado...

Padre: Então cada dia vamos procurar um pecado novo?! Como fica isso?

João: Como fica isso, Padre?

Padre: Vocês cansam minha beleza... são um poço de perguntas! Vocês tomam banho todos os dias? Fazem alguma forma de higiene no corpo?

Henrique: O João, no frio, não toma banho! Tenho certeza! Rsrsrs...

Kelly: Tomamos banho, escovamos os dentes, passamos o fio dental, lavamos as mãos várias vezes.

Padre: Todos os dias?

Kelly: Claro! Em algumas situações, várias vezes ao dia temos que fazer essas coisas de higiene.

Padre: Assim também é a vida do cristão. Ainda que tomemos banho, ainda que evitemos nos sujar muito... faz parte da nossa condição acumular alguma sujeira. E precisamos lutar contra ela. Nunca podemos nos cansar de fazer a higiene.

João: Nunca podemos nos cansar de confessar... O senhor tinha dito que a confissão é um sacramento para vencermos as fraquezas.

Padre: Isso mesmo, João! O propósito de não pecar é uma meta da nossa vida, inspirada pelo Senhor. Ele se visibiliza em nosso compromisso de evitar as ocasiões que facilitam nossa queda, mas sempre vamos precisar do Senhor, que nos ajuda a enxergar melhor e nos fortalece...

Kelly: Então não confessamos apenas para nos livrar de um pecado, mas para não perder o fôlego na luta!

Padre: Muito bom, Kelly. É isso! Ou, se achar melhor, libertando-nos do pecado e do mal, podemos com mais liberdade correr para a meta que buscamos: nossa comunhão com Cristo!

Henrique: E nossa vida será fazer um belo bolo de cenoura.

João: Eu quero mais um pedaço!

MODELOS PARA O EXAME DE CONSCIÊNCIA

▶ Padre Afonso faz uma visita à turma de Crisma 3 de Dona Maria. Conforme o combinado, ele vai explicar como os crismandos devem fazer a preparação mais imediata para se confessarem.

Dona Maria: Boa-tarde, turma! Como havíamos combinado, hoje o Padre Afonso veio fazer uma visita para nossa turma. Quem tiver alguma dúvida sobre como se preparar para a confissão, aproveite agora. Seja bem-vindo, Padre.

Padre: Boa-tarde, pessoal. Deus os abençoe nessa fase tão especial de preparação para a Crisma e também abençoe a Dona Maria pela dedicação e paciência com vocês. Estou aqui para ajudá-los. Pensei em apresentar primeiro algumas ideias sobre como se preparar para a confissão e, depois, vocês vão acrescentando as perguntas. Pode ser assim?

Henrique: Pode sim!

Padre: Henrique, já que você está animado, que tal se me citasse uma passagem bíblica que resumisse todo o Evangelho, toda a Bíblia... Você saberia dizer?

Henrique: Eu achei que o senhor tinha vindo explicar, e não interrogar.

▶ A turma ri.

Padre: Pois é. Tem uma passagem muito bonita no Evangelho de São Lucas, que é como se fosse um resumo de toda a Bíblia. Vocês podem abrir em Lucas 10, por favor?

▶ A turma abre a Bíblia e começa a procurar.

Henrique: O capítulo todo?!

Padre: Não, somente do versículo 25 ao 28. Um mestre da lei pergunta para Jesus o que fazer para herdar a vida eterna, isto é, para se salvar. Jesus pergunta o que ele mesmo pensa sobre isso e sua resposta é esta: "Amarás o Senhor teu Deus de todo o teu coração, de toda a tua alma, com toda a tua força... e ao teu próximo como a ti mesmo". Ele lembra todos os mandamentos: amor a Deus e ao próximo. Certo?

Henrique: Certo!

Padre: Pensem que a meta da nossa vida seja amar a Deus. Assim como todos os dias precisamos fazer coisas como tomar banho, escovar os dentes, lavar as mãos, também é necessário revermos nossa vida. Estou indo na direção certa ou errada? Estou me desviando da rota? Aconteceu algo hoje ou por esses dias que me tirou um pouco da direção?

Pedro: Padre, com licença. Mas o exame de consciência não é feito no dia que a gente vai se confessar?

Padre: Boa pergunta, Pedro. O que vocês pensam sobre isso? O que dizem?

Mayra: Eu também achava que o exame de consciência é feito somente quando vamos nos confessar.

Kelly: Mas nosso esforço de conversão é diário. É uma luta constante... Então, todos os dias a gente deve olhar como está indo nossa caminhada. Não é isso, Padre?

Henrique: Dona Maria, ela quer ensinar catequese com a senhora!

▶ Dona Maria junta as mãos em um gesto de prece, com ar de alegria.

Padre: É isso mesmo, Kelly. O exame de consciência também precisa ser feito antes da confissão, mas ele pode ajudar, no dia a dia, a mantermos a coerência. Coerência significa harmonia. Quando a pessoa não cuida de si mesma, ela se perde. Começa a desejar tantas coisas, que acaba pondo a perder alguns projetos de vida.

Ricardo: Como assim, Padre?

Padre: Imagine, Ricardo, que você queira jogar bem num campeonato de futebol. Nos próximos vinte dias você participará de vários jogos e precisa ter um bom desempenho. Mas, ao mesmo tempo, é um período em que vários amigos seus ou familiares fazem aniversário, e você é convidado para diversas festas. Festas até tarde, alguma comida exagerada e pouco treino. O que pode acontecer com seu desempenho?

Ricardo: Prefiro nem imaginar.

Padre: Pois é, mas, para enfrentar bem a situação, você deve procurar ser coerente, estar em harmonia com você mesmo. Se quiser ter um bom desempenho, deverá fazer certos sacrifícios. Ou, se quiser curtir todas as oportunidades, deverá desistir de oferecer seu melhor desempenho... Compreende?

Mayra: Mas o que isso tem a ver com o exame de consciência? Não estou conseguindo ver a ligação de uma coisa com a outra...

Padre: A ligação é esta: assim como o Ricardo deve manter seu foco no objetivo final, que é ter um bom desempenho como jogador de futebol, cada cristão deve manter seu foco em amar a Deus e ao próximo. Muitas opções vão aparecer no dia a dia. Haverá momentos em que nos cansaremos, iremos desanimar.

João: É como a redação que todo mês eu faço na escola: "Um mês vivido, um caminho percorrido". Nessa redação fazemos um balanço do mês.

Padre: Perfeito. Esse balanço pode ser diário, porque nos ajuda a verificar nossa rotina todos os dias. O tempo que dedicamos às pessoas, à oração etc. Mas podemos fazer esse exame de consciência em algum momento da nossa vida, quando estamos inseguros, por exemplo, sem saber que decisão tomar. O exame de consciência pode ajudar a ver que rumo estamos tomando.

Henrique: E tem o exame de consciência, antes da confissão, que todo mundo quer saber como faz.

Dona Maria: Calma, Henrique. O Padre vai chegar lá!

Padre: Bom, vamos às perguntas de vocês.

Henrique: Padre, quero um exemplo bem prático de como me confessar. Não enrola dessa vez.

Padre: Ok, ok, Henrique. Você pode se guiar pelos dez mandamentos. Três falam do amor a Deus: amar a Deus sobre todas as coisas, não tomar seu santo nome em vão e guardar domingos e festas de preceito. Sete falam do amor ao próximo: honrar pai e mãe, não matar, não pecar contra a castidade, não roubar, não levantar falso testemunho, não cobiçar a mulher do próximo e não cobiçar as coisas alheias. Se todos os dias ou se, antes de se confessar você pensar nos mandamentos, pode observar o seu dia a dia e verificar quando se aproximou de alguma dessas situações.

Ana: Só assim podemos preparar o exame de consciência,[1] Padre?

---

[1] SAIBA MAIS! Como nossa intenção é uma preparação geral para a confissão, omitimos a discussão sobre *pecado leve (venial)* ou *grave (mortal)*. Quando usamos a distinção entre leve x grave, o destaque é sobre a matéria: se é uma desobediência direta a algum dos dez mandamentos, temos matéria grave. Quando usamos a distinção venial x mortal, o destaque é sobre o efeito do pecado: se mata a caridade (mortal) ou apenas fere (venial) a caridade. Para que haja situação de pecado grave/mortal, é necessário que, além da matéria grave, haja também plena consciência e deliberação pelo mal praticado (cf. CIC 1854-1864).

Padre: Não. Conforme vocês forem praticando mais, mais possibilidades irão ver. Vou dar mais dois exemplos. Você pode pensar no seu exame de consciência em relação às virtudes (virtudes teologais: fé, esperança e caridade; virtudes cardeais: prudência, justiça, fortaleza e temperança) ou em relação à Palavra de Deus.

Kelly: E como faríamos?

Padre: A virtude indica certa maturidade; a falta de virtude indica certa imaturidade. As virtudes teologais são dadas a nós por Deus. Tenho vivido com fé? Reconheço o agir de Deus na minha vida? Caio em desespero? Sei rezar e confiar em Deus? Procuro viver tudo por amor a Deus? Às vezes, caímos em certos pecados porque esquecemos que Deus nos acompanha. Preferimos mentir, achando que, com a mentira, vamos consertar as coisas.

Pedro: E com as virtudes cardeais?

Padre: As virtudes cardeais são virtudes humanas, que vamos aperfeiçoando quanto mais as praticamos e vivemos. Você pode se perguntar: tenho sido prudente? Aceito fazer qualquer coisa para atingir os fins que almejo? Ajo como se minhas ações não tivessem consequências? Procuro ser justo com as pessoas? Tenho uma medida para meus amigos e outra medida para quem não é meu amigo? Sou forte nas provações? Sei perseverar mesmo quando as adversidades parecem me deixar em desvantagem? Sou capaz de resistir à tentação de fazer o mal? Sou capaz de viver cada coisa em sua medida certa? Qual tipo de coisa me atrai mais? Procuro o que é mais fácil, mais agradável, mesmo quando não é o melhor para mim?

Dona Maria: Ai, Padre. Que bonito exame de confissão! Eu também estou aprendendo bastante...

Padre: Que bom, Dona Maria. Fico feliz com isso. Sempre vale a pena aprender um pouco.

Henrique: E qual o outro modelo?

Padre: O outro modelo pode ser baseado na leitura do Evangelho do dia, ou do conjunto das leituras do dia. Você lê um trecho da Bíblia e confronta sua vida com os ensinamentos da Palavra de Deus... O quanto você está vivendo em coerência com os ensinamentos da Bíblia. Compreendem?

Henrique: Esse me pareceu mais complicado...

Padre: É e não é... É mais complicado porque você precisa entender qual a mensagem da leitura que você fez, qual o ensinamento daquele trecho da Palavra de Deus, e comparar com a sua vida. Isso, sim, pode ser mais difícil. Mas é menos complicado porque você estará sempre em condições de pensar coisas diferentes, de avaliar-se com critérios mais amplos.

Kelly: Como assim, Padre?

Padre: O modelo dos mandamentos ou das virtudes faz com que a gente se acostume e se iluda, achando que não fez nada demais. Por exemplo: você repassa o quinto mandamento, "não matar", e pensa: eu não matei ninguém, não tive ódio a ponto de desejar a morte de ninguém, não coloquei minha vida em risco nem a dos outros... E conclui: está tudo ok comigo, estou suave...

Pedro: E não estaria?

Padre: Mas imagine que nesse dia você leia o trecho do Evangelho de São Mateus 5,21-22: "Ouvistes o que foi dito aos antigos: 'Não matarás'; aquele que matar terá de responder no tribunal. Eu, porém, vos digo: todo aquele que se encolerizar contra seu irmão, terá de responder no tribunal; aquele que chamar seu irmão de 'cretino!' estará sujeito ao julgamento no Sinédrio; aquele que lhe chamar 'renegado' terá de responder na *geena* de fogo". Vejam, o texto começa revisando o mandamento: muitos podem dizer que não mataram... mas o texto prossegue verificando a qualidade das nossas relações, até mesmo a presença da violência no modo de falar.

Henrique: Esse é mais complicado mesmo! É mais exigente.

Padre: Bom, acredito que vocês conseguiram compreender um pouco como se preparar para fazer uma boa confissão. Conforme se preparam, podem anotar num papel, fazer uma lista das principais situações, tomando cuidado para ninguém em casa acabar descobrindo.

Kelly: A gente pode anotar no celular, fica mais prático.

Padre: Perfeito! Assim realmente fica mais prático.

Dona Maria: Bom, meninos e meninas, o tempo do Padre Afonso é precioso. Acredito que esse encontro foi muito proveitoso. Padre, muito obrigada pelos esclarecimentos.

João: E não vamos encerrar com um cafezinho? Sempre tem cafezinho pro Padre na cozinha.

Padre: Pois é, Dona Maria. O senhor Edson organizou, com as senhoras do apostolado da oração, um lanchinho para nós. Onde há reconciliação, sempre deve ter festa. Vamos rezar concluindo o encontro e, depois, tomamos o cafezinho da reconciliação.

Henrique: Aí eu vi vantagem!

Rua Dona Inácia Uchoa, 62
04110-020 – São Paulo – SP (Brasil)
Tel.: (11) 2125-3500
http://www.paulinas.com.br – editora@paulinas.com.br
Telemarketing e SAC: 0800-7010081